大珠慧海禪師開示語錄

頓悟入道要門論

寶藏久埋　拋家外走　逢人指出　始知本有

照用無方　龍吟獅吼　入道無門　師闢其牖

大珠慧海禪師——著

三十六世大珠慧海禪師

大珠慧海禪師

師建州朱氏子。依越州大雲寺智和尚受業。初參馬祖。祖曰：來須何事？曰：來求佛法。祖曰：我這裏一物也無，求甚麼佛法？自家寶藏不顧，拋家散走作麼？曰：那箇是慧海寶藏？祖曰：即今問我者是汝寶藏，一切具足，何假外求。師於言下自識本心，踴躍禮謝。執侍六載，後以受業師老，遽歸奉養；撰頓悟入道要門一卷，傳至馬祖覽訖告眾曰：越州有大珠，圓明光自在。眾中知師姓朱，推尋依附者號師為：大珠和尚。

贊曰：

寶藏久埋　拋家外走　逢人指出　始知本有
照用無方　龍吟獅吼　入道無門　師闢其牖

頓悟入道要門論序

夫善知識者，如巨海舟航，能度迷類，長夜明炬，善破群昏。大珠和尚首參馬祖，使入慧海之法界，令開寶藏於自家；所以靈辯滔滔，譬大川之流水；峻機疊疊，如圓器之傾珠。於是曲設多方，垂慈利物，發揚至道，烏可以筆舌讚歎哉！妙叶維那、四明翠山大中理公之神足，夙具靈根，素培智種，禪餘之暇，閱此老語錄，有所證入；平生礙膺之物，脫然而去。從上佛祖舌頭，一無所疑矣。此亦古塔主睹雲門語而嗣之，正所謂也。故捐資鏤板，以廣其傳，期以後之來者，同一了悟，存此心者，豈淺淺耶！

此之功勳不墜，行願彌堅，蓋可見矣。庶幾法流不泯，派永接於曹谿，燈焰長存，光愈明於少室者也。

阿育王山沙門崇裕書

頓悟入道要門論　卷上

慧海禪師著

稽首和南十方諸佛、諸大菩薩眾。弟子今作此論，恐不會聖心，願賜懺悔；若會聖理，盡將迴施一切有情，願於來世，盡得成佛。

問：欲修何法？即得解脫。

答：唯有頓悟一門，即得解脫。

云何為頓悟？

答：頓者，頓除妄念；悟者，悟無所得。

問：從何而修？

答：從根本修。

云何從根本修？

答：心為根本。

云何知心為根本？

答：楞伽經云：心生即種種法生，心滅即種種法滅。維摩經云：欲得淨土，當淨其心；隨其心淨，即佛土淨。遺教經云：但制心一處，無事不辦。經云：聖人求心不求佛，愚人求佛不求心；智人調心不調身，愚人調身不調心。佛名經云：罪從心生，還從心滅；故知善惡一切，皆由自心，所以心為根本也。若求解脫者，先須識根本；若不達此理，虛費功勞，於外相求，無有是處。禪門經云：

於外相求，雖經劫數，終不能成；於內覺觀，如一念頃，即證菩提。

問：夫修根本，以何法修？

答：惟坐禪，禪定即得。禪門經云：求佛聖智，要即禪定；若無禪定，念想喧動，壞其善根。

問：云何為禪？云何為定？

答：妄念不生為禪，坐見本性為定。本性者，是汝無生心。定者，對境無心，八風不能動；八風者：利、衰、毀、譽、稱、譏、苦、樂，是名八風；若得如是定者，雖是凡夫，即入佛位。何以故？菩薩戒經云：眾生受佛戒，即入諸佛位；得如是者，即名解脫，亦名達彼岸、超六度、越三界、大力菩薩、無量力尊，是大丈夫。

問：心住何處即住？

答：住無住處即住。

問：云何是無住處？

答：不住一切處，即是住無住處。

云何是不住一切處？

答：不住一切處者，不住善惡有無內外中間，不住空，亦不住不空，不住定，亦不住不定，即是不住一切處；只箇不住一切處，即是住處也；得如是者，即名無住心也，無住心者是佛心。

問：其心似何物？

答：其心不青不黃、不赤不白、不長不短、不去不來、非垢非淨、不生不滅，湛然常寂，此是本心形相也、亦是本身。本身者，即佛身也。

問：身心以何為見？是眼見、耳見、鼻見及身心等見？

答：見無如許種見。

問：既無如許種見，復何見？

答：是自性見。何以故？為自性本來清淨，湛然空寂，即於空寂體中，能生此見。

問：只如清淨體尚不可得，此見從何而有？

答：喻如明鑑中雖無像，能見一切像。何以故？為明鑑無心故。學人若心無所染，妄心不生，我所心滅，自然清淨；以清淨故，能生此見。法句經云：於畢竟空中熾然建立，是善知識也。

問：涅槃經金剛身品：不可見、了了見，無有知者、無不知者，云何？

答：不可見者，為自性體無形，不可得故，是名不可見也。然見不可得者，體寂湛然，無有去來，不離世流，世流不能流，坦然自在，即是了了見也。無有知者，為自性無形，本無分別，是名無有知者；無不知者，於無分別體中，具有恒沙之用，能分別一切，即無事不知，是名無不知者。般若偈云：般若無知，無事不知；般若無見，無事不見。

問：經云：不見有無，即真解脫。何者是不見有無？

答：證得淨心時，即名有，於中不生得淨心想，即名不見有也；得想無生無住，不得作無生無住想，即是不見無也；故云不見有無也。楞嚴經云：知見立知，即無明本；知見無見，斯即涅槃，亦名解脫。

問：云何是無所見？

答：若見男子女人、及一切色像，於中不起愛憎，與不見等，即是無所見也。

問：對一切色像時，即名為見；不對色像時，亦名見否？

答：見。

問：對物時從有見？不對物時，云何有見？

答：今言見者，不論對物與不對物。何以故；為見性常故，有物之時即見，無物之時亦見也；故知物自有去來，見性無來去也，諸根亦爾。

問：正見物時，見中有物否？

答：見中不立物。

問：正見無物時，見中有無物否？

答：見中不立無物。

問：有聲時即有聞，無聲時還得聞否？

答：亦聞。

問：有聲時從有聞，無聲時云何得聞？

答：今言聞者，不論有聲無聲，何以故？為聞性常故；有聲時即聞，無聲時亦聞。

問：如是聞者是誰？

答：是自性聞，亦名知者聞。

問：此頓悟門以何為宗？以何為旨？以何為體？以何為用？

答：無念為宗，妄心不起為旨，以清淨為體，以智為用。

問：既言無念為宗，未審無念者無何念？

答：無念者，無邪念；非無正念。

云何為邪念？云何名正念？

答：念有念無，即名邪念；不念有無，即名正念。念善念惡，名為邪念；不念善惡，名為正念；乃至苦樂生滅、取捨怨親憎愛，並名邪念；不念苦樂等，即名正念。

問：云何是正念？

答：正念者，唯念菩提。

問：菩提可得否？

答：菩提不可得。

問：既不可得，云何唯念菩提？

答：只如菩提，假立名字，實不可得，亦無前後得者；為不可得故，即無有念，只箇無念，是名真念。菩提無所念，無所念者，即一切處無心，是無所念；只如上說如許種無念者，皆是隨事方便，假立名字，皆同一體，無二無別；但知一切處無心，即是無念也。得無念時，自然解脫。

問：云何行佛行？

答：不行一切行，即名佛行，亦名正行，亦名聖行；如前所說，不行有無憎愛等是也。大律卷五菩薩品云：一切聖人，不行於眾生行，眾生不行如是聖行。

問：云何是正見？

答：見無所見，即名正見。

問：云何名見無所見？

答：見一切色時，不起染著；不染著者，不起愛憎心，即名見無所見也；若得見無所見時，即名佛眼，更無別眼。若見一切色時起愛憎者，即名有所見；有所見者，即是眾生眼，更無別眼；作眾生眼乃至諸根亦復如是。

問：即言以智為用者，云何為智？

答：知二性空，即是解脫；知二性不空，不得解脫；是名為智，亦名了邪正，亦名識體用。二性空即是體，知二性空即是解脫，更不生疑，即名為用。言二性空者，不生有無、善惡、愛憎，名二性空。

問：此門從何而入？

答：從檀波羅蜜入。

問：佛說六波羅蜜是菩薩行，何故獨說檀波羅蜜、云何具足而得入也？

答：迷人不解五度皆因檀度生，但修檀度，即六度悉皆具足。

問：何因緣故名為檀度？

答：檀者，名為布施。

問：布施何物？

答：布施却二性。

問：云何是二性？

答：布施却善惡性，布施却有無性，愛憎性、空不空性、定不定性、淨不淨性，一切悉皆施却，即得二性空。若得二性空時，亦不得作二性空想，亦不得作念有施想，即是真行檀波羅蜜，名萬緣俱絕。萬緣俱絕者，即一切法性空是也。法性空者，即一切處無心是。若得一切處無心時，即無有一相可得。何以故？為自性空故，無一相可得。無一相可得者，即是實相。實相者，即是如來妙色身相也。金剛經云：離一切諸相，則名諸佛。

問：佛說六波羅蜜，今云何說一即能具足？願說一具六法之因。

答：思益經云：網明尊謂梵天言：若菩薩捨一切煩

惱，名檀波羅蜜，即是布施。於諸法無所起，名尸波羅蜜，即是持戒。於諸法無所念，名羼提波羅蜜，即是忍辱。於諸法離相，名毗離耶波羅蜜，即是精進。於諸法無所住，名禪波羅蜜，即是禪定。於諸法無戲論，名般若波羅蜜，即是智慧。是名六法。今更名六法不異，一捨、二無起、三無念、四離相、五無住、六無戲論。如是六法，隨事方便，假立名字；至於妙理，無二無別；但知一捨，即一切捨；無起，即一切無起；迷途不契，悉謂有差；愚者滯其法數之中，即長輪生死。告汝學人，但修檀之法，即萬法周圓，況於五法，豈不具耶？

問：三學等用，何者是三學？云何是等用？

答：三學者：戒定慧是也。

問：其義云何是戒定慧？

答：清淨無染是戒。知心不動，對境寂然是定。知心不動時，不生不動想；知心清淨時，不生清淨想；乃至善惡皆能分別，於中無染，得自在者，是名為慧也。若知戒定慧體，俱不可得時，即無分別，即同一體，是名三學等用。

問：若心住淨時。不是著淨否？

答：得住淨時，不作住淨想，是不著淨。

問：心住空時，不是著空否？

答：若作空想，即名著空。

問：若心得住無住處時，不是著無所處否？

答：但作空想，即無有著處。汝若欲了了識無所住心時，正坐之時，但知心莫思量一切物，一切善惡都莫思量。過去事已過去而莫思量，過去心自絕，即名無過去事。未來事未至，莫願莫求，未來心自絕，即名無未來事。現在事已現在，於一切事但知無著；無著者，不起憎愛心，即是無著；現在心自絕，即名無現在事。三世不攝，亦名無三世也。心若起去時，即莫隨去，去心自絕；

若住時亦莫隨住，住心自絕，即無住心，即是住無住處也，若了了自知，住在住時，只物住，亦無住處，亦無無住處也。若是了了知心不住一切處，即名了了見本心也，亦名了了見性也。只箇不住一切處心者，即是佛心，亦名解脫心，亦名菩提心，亦名無生心，亦名色性空。經云：證無生法忍是也。汝若未得如是之時，努力努力！勤加用功，功成自會。所言會者，一切處無心即是會。言無心者，無假不真也。假者愛憎心是也，真者無愛憎心是也。但無憎愛心，即是二性空。二性空者，自然解脫也。

問：為只坐用，行時亦得為用否？

答：今言用功者，不獨言坐，乃至行住坐臥，所造運為，一切時中，常用無間，即名常住也。

問：方廣經云：五種法身：一實相法身、二功德法身、三法性法身、四應化法身、五虛空法身，於自己身何者是？

答：知心不壞，是實相法身。知心含萬像，是功德法身。知心無心，是法性法身。隨根應說，是應化法身。知心無形不可得，是虛空法身。若了此義者，即知無證也。無得無證者，即是證佛法身；若有得有證者，即邪見增上慢人也，名為外道。何以故？維摩經云：舍利弗問天女曰：汝何所得？何所證？辯乃得如是。天女答曰：我無得無證，乃得如是；若有得有證，即於佛法中為增上慢人也。

問：經云等覺妙覺，云何是等覺？云何是妙覺？

答：即色即空，名為等覺。二性空故，名為妙覺。又云：無覺無無覺，名為妙覺也。

問：等覺與妙覺為別為不別？

答：為隨事方便，假立二名，本體是一，無二無別，乃至一切法皆然也。

問：金剛云：無法可說，是名說法。其義云何？

答：般若體畢竟清淨，無有一物可得，是名無法可說；即於般若空寂體中，具恒沙之用，即無事不知，是名說法。故云：無法可說，是名說法。

問：若有善男子善女人，受持讀誦此經，若為人輕賤，是人先世罪業，應墮惡道；以今世人輕賤故，先世罪業，即為消滅，當得阿耨多羅三藐三菩提。其義云何？

答：只如有人未遇大善知識，唯造惡業，清淨本心被三毒無明所覆，不能顯了，故云應墮惡道也。以今世人輕賤者，即是今日發心求佛道，為無明滅盡，三毒不生，即本心明朗，更無亂念，諸惡永滅，故以今世人輕賤也；無明滅盡，亂念不生，自然解脫，故云當得菩提。即發心時名為今世，非隔生也。

又云如來五眼者何？

答：見色清淨，名為肉眼。見體清淨，名為天眼。於諸色境、乃至善惡，悉能微細分別，無所染著，於中自在，名為慧眼。見無所見，名為法眼。無見無無見，名為佛眼。

又云：大乘、最上乘，其義云何？

答：大乘者是菩薩乘，最上乘者是佛乘。

又問：云何修而得此乘？

答：修菩薩乘者，即是大乘。證菩薩乘，更不起觀，至無修處，湛然常寂，不增不減，名最上乘，即是佛乘也。

問：涅槃云：定多慧少，不離無明；定少慧多，增長邪見；定慧等故，即名解脫。其義如何？

答：對一切善惡，悉能分別是慧；於所分別之處，不起愛憎，不隨所染，是定；即是定慧等用說。

又問：無言無說，即名為定，正言說之時得名定否？

答：今言定者，不論說與不說常定。何以故？為用定性言說分別時，即言說分別亦定。若以空心觀色時，即觀色時亦空。若不觀色，不說不分別時亦空；乃至見聞覺知，亦復如是。何以故？為自性空，即於一切處悉空；空即無著，無著即是等用；為菩薩常用如是等空之法，得至究竟，故云定慧等者，即名解脫也。今更為汝譬喻顯示，令汝惺惺得解斷疑，譬如明鑑照像之時，其明動否？不也！不照時亦動否？不也！何以故？為明鑑用無情明照，所以照時不動，不照亦不動。何以故？為無情之中，無有動者，亦無不動者。又如日光照世之時，其光動否？不也！若不照時動否？不也！何以故？為光無情；故用無情光照，所以不動，不照亦不動。照者是慧，不動者是定；

菩薩用是定慧等法得三菩提；故云定慧等用，即是解脫也。今言無情者，無凡情，非無聖情也。

問：云何是凡情？云何是聖情？

答：若起二性，即是凡情；二性空故，即是聖情。

問：經云：言語道斷，心行處滅，其義如何？

答：以言顯義，得義言絕；義即是空，空即是道，道即是絕言，故云言語道斷，心行處滅。謂得義實際，更不起觀；不起觀故，即是無生；以無生故，即一切色性空；色性空故，即萬緣俱絕；萬緣俱絕者，即是心行處滅。

問：如如者云何？

答：如如是不動義，心真如故，名如如也。是知過去諸佛行此行，亦得成道；現在佛行此行，亦得成道；未來佛行此行，亦得成道。三世所修證道無異，故名如如也。維摩經云：諸佛亦如也，至於彌勒亦如也，乃至一切眾生悉皆如也。何以故？為佛性不斷，有性故也。

問：即色即空，即凡即聖，是頓悟否？

答：是。

問：云何是即色即空？云何是即凡即聖？

答：心有染即色，心無染即空。心有染即凡，心無染即聖。又云真空妙有故即色，色不可得故即空。今言空者，是色性自空，非色滅空。今言色者，是空性自色，非色能色也。

問：經云盡無盡法門如何？

答：為二性空故。見聞無生是盡。盡者，諸漏盡。無盡者，於無生體中，具恆沙妙用，隨事應現，悉皆具足，於本體中亦無損滅，是名無盡。即是盡無盡法門也。

問：盡與無盡，為一為別？

答：體是一，說即有別。

問：體既是一，云何說別？

答：一者是說之體，說是體之用。為隨事應用，故云體同說別；喻如天上一日，一置種種盆器盛水，一一器中皆有於日，諸器中日悉皆圓滿，與天上日亦無差別，故云體同。為隨器立名，即有差別，所以有別，故云體同，說即有別。所現諸日悉皆圓滿，於上本日，亦無損減，故云無盡也。

問：經云不生不滅，何法不生？何法不滅？

答：不善不生，善法不滅。

問：何者善？何者不善？

答：不善者是染漏心，善法者是無染漏心；但無染無漏，即是不善不生；得無染無漏時，即清淨圓明，湛然常寂，畢竟不遷，是名善法不滅也；此即是不生不滅。

問：菩薩戒云：眾生受佛戒，即入諸佛位，位同大覺已，真是諸佛子。其義云何？

答：佛戒者，清淨心是也。若有人發心修行清淨行，得無所受心者，名受佛戒也。過去諸佛皆修清淨無受行，得成佛道；今時有人發心，修無受清淨行者，即與佛功德等用，無有異也，故云入諸佛位也。如是悟者，與佛悟同，故云位同大覺已，真是諸佛子。從清淨心生智，智清淨名為諸佛子，亦名真佛子。

問：只如佛之與法，為是佛在先？為是法在先？若法在先，法是何佛所說？若佛在先，承何教而成道？

答：佛亦在法先，亦在法後。

問：因何佛法先後？

答：若據寂滅法，是法先佛後；若據文字法，是佛先法後。何以故？一切諸佛，皆因寂滅法而得成佛，即是法先佛後。經云：諸佛所師，所謂法也；得成道已，然始廣說十二部經，引化眾生，眾生承佛法教修行得成佛，即是佛先法後也。

問：云何是說通宗不通？

答：言行相違，即是說通宗不通。

問：云何是宗通說亦通？

答：言行無差，即是說通宗亦通。

問：經云：到不到、不到到之法云何？

答：說到行不到，名為到不到；行到說不到，名為不到到；行說俱到，名為到到。

問：佛法不盡有為，不住無為。何者是不盡有為？何者是不住無為？

答：不盡有為者，從初發心，至菩提樹下成等正覺，後至雙林入般涅槃，於中一切法，悉皆不捨，即是不盡有為也。不住無為者，雖修無念，不以無念為證；雖修空，不以空為證；雖修菩提涅槃無相無作，不以無相無作為證；即是不住無為也。

問：為有地獄，為無地獄？

答：亦有亦無。

問：云何亦有亦無？

答：為隨心所造一切惡業，即有地獄；若心無染，自性空故，即無地獄。

問：受罪眾生有佛性否？

答：亦有佛性。

問：既有佛性，正入地獄時佛性同入否？

答：不同入。

問：正入之時佛性復在何處？

答：亦同入。

問：既同入，正入時，眾生受罪，佛性亦同受罪否？

答：佛性雖隨眾生同入，是眾生自受罪苦，佛性元來不受。

問：既同入，因何不受？

答：眾生者，是有相，有相者，即有成壞；佛性者，是無相，無相者，即是空性也。是故真空之性，無有壞者，喻如有人於空積薪，薪自受壞，空不受壞也。空喻佛性，薪喻眾生，故云同入而不同受也。

問：轉八識成四智，束四智成三身，幾箇識共成一智？幾箇識獨成一智？

答：眼耳鼻舌身，此五識共成成所作智，第六是意識獨成妙觀察智，第七意獨成平等性智，第八含藏識獨成大圓鏡智。

問：此四智為別為同？

答：體同名別。

問：體既同，云何名別？既隨事立名，正一體之時，何者是大圓鏡智？

答：湛然空寂，圓明不動，即大圓鏡智。能對諸塵不起愛憎，即是二性空，二性空即平等性智。能入諸根境界，善能分別，不起亂想而得自在，即是妙觀察智。能令諸根隨時應用，悉入正受，無二相者，即是成所作智。

問：東四智成三身者，幾箇智共成一身？幾箇智獨成一身？

答：大圓鏡智獨成法身，平等性智獨成報身，妙觀察智與成所作智共成化身。此三身亦假立名字分別，只令未解者看，若了此理，亦無三身應用。何以故？為體性無相，從無住本而立，亦無無住本。

問：云何是見佛真身？

答：不見有無，即是見佛真身。

問：云何不見有無即是見佛真身？

答：有因無立，無因有顯；本不立有，無亦不存；既不存無，有從何得？有之與無，相因始有；既相因而有，悉是生滅也。但離此二見，即是見佛真身。

問：只如有無尚不可交建立，真身復從何而立？

答：為有問故，若無問時，真身之名亦不可立。何以故？譬如明鏡，若對物像時即現像，若不對像時，終不見像。

問：云何是常不離佛？

答：心無起滅，對境寂然，一切時中，畢竟空寂，即是常不離佛。

問：何者是無為法？

答：有為是。

問：今問無為法，因何答有為是？

答：有因無立，無因有顯；本不立有，無從何生？若論真無為者，即不取有為，亦不取無為，是真無為法也。何以故？經云：若取法相，即著我人，若取非法相，即著我人；是故不應取法，不應取非法，即是取真法也。若了此理，即真解脫，即會不二法門。

問：何者是中道義？

答：邊義是。

問：今問中道，因何答邊義是？

答：邊因中立，中因邊生；本若無邊，中從何有？今言中者，因邊始有，故知中之與邊，相因而立，悉是無常；色受想行識，亦復如是。

問：何名五陰等？

答：對色染色，隨色受生，名為色陰。為領納八風，好集邪信，即隨領受中生，名為受陰。迷心取想，隨想受生，名為想陰。結集諸行，隨行受生，名為行陰。於平等體，妄起分別繫著，隨識受生，名為識陰。故云：五陰。

問：經云：二十五有，何者是？

答：受後有身是也。後有身者，即六道受生也。為眾生現世心迷，好結諸業，後即隨業受生，故云：後有也。世若有人，志修究竟解脫，證無生法忍者，即永離三界，不受後有；不受後有者，即證法身；法身者，即是佛身。

問：二十五有名，云何分別？

答：本體是一，為隨用立名，顯二十五有。二十五有：十惡、十善、五陰是。

問：云何是十惡十善？

答：十惡：殺、盜、淫，妄言、綺語、兩舌、惡口，乃至貪、瞋、邪見，此名十惡。十善者，但不行十惡即是也。

問：上說無念，尚未盡決。

答：無念者，一切處無心是；無一切境界，無餘思求是；對諸境色，永無起動，是即無念。無念者，是名真念也；若以念為念者，即是邪念，非為正念。何以故？經云：若教人大念，名為非念。有六念名為邪念，無六念者，即真念。經云：善男子！我等住於無念法中，得如是金色三十二相，放大光明，照無餘世界，不可思議功德，佛說之猶不盡，何況餘乘能知也。得無念者，六根無染故，自然得入諸佛知見；得如是者，即名佛藏，亦名法藏；即能一切佛、一切法。何以故？為無念故。經云：一切諸佛等，皆從此經出。

問：既稱無念，入佛知見，復從何立？

答：從無念立。何以故？經云：從無住本，立一切法。又云：喻如明鑑，鑑中雖無像，而能現萬像。何以故？為鑑明故，能現萬像；學人為心無染故，妄念不生，我人心滅，畢竟清淨；以清淨故，能生無量知見。頓悟者，不離此生，即得解脫。何以知之？譬如師子兒，初生之時，即真師子；修頓悟者，亦復如是，即修之時，即入佛位；如竹春生筍，不離於春，即與母齊，等無有異。何以故？為心空故。修頓悟者，亦復如是，為頓除妄念，永絕我人，畢竟空寂，即與佛齊，等無有異，故云即凡即聖也。修頓悟者，不離此身，即超三界。經云：不壞世間，而超世間；不捨煩惱，而入涅槃。不修頓悟者，猶如野干，隨逐師子，經百千劫，終不得成師子。

又問：真如之性，為實空，為實不空？若言不空，即是有相。若言空者，即是斷滅。一切眾生，當依何修，而得解脫？

答：真如之性，亦空亦不空。何以故？真如妙體，無形無相，不可得也，是名亦空；然於空無相體中，具足恒沙之用，即無事不應，是名亦不空。經云：解一即千從，迷一即萬惑；若人守一，萬事畢，是悟道之妙也。經云：森羅及萬像，一法之所印。云何一法中，而生種種見？如此功業，由行為本；若不降心，依文取證，無有是處；自誑誑他，彼此俱墜。努力努力！細細審之，只是事來不受，一切處無心，得如是者，即入涅槃，證無生法忍，亦名不二法門、亦名無諍、亦名一行三昧。何以故？畢竟清淨，無我人故；不起愛憎，是二性空，是無所見，即是真如無得之辯。此論不傳無信，唯傳同見同行，當觀前人有誠信心，堪任不退者，如是之人，乃可為說，示之令悟。吾作此論，為有緣人，非求名利，只如諸佛所說，千經萬論，只為眾生迷故，心行不同，隨邪應說，即有差別；如論究竟解脫理者，只是事來不受，一切處無心，永寂如空，畢竟清淨，自然解脫；汝莫求虛名，口說真如，心似猿猴，即言行相違，名為自誑，當墮惡道；莫求一世虛名快樂，不覺長劫受殃。努力努力！眾生自度，佛不能度；若佛能度眾生時，過去諸佛如微塵數，一切眾生總應度盡，何故我等，至今流浪生死，不得成佛；當知眾生自度，佛不能度。努力努力自修！莫倚他佛力。經云：夫求法者，不著佛求。

問：於來世中，多有雜學之徒，云何共住？

答：但和其光，不同其業，同處不同住。經云：隨流而性常也。只如學道者，自為大事因緣解脫之事，俱勿輕未學，敬學如佛；不高己德，不疾彼能；自察於行，不舉他過；於一切處，悉無妨礙，自然快樂也。重說偈云：

忍辱第一道　先須除我人

事來無所受　即真菩提身

金剛經云：通達無我法者，如來說名真是菩薩，又云：不取亦不捨，永斷於生死；一切處無心，即名諸佛子。涅槃經云：如來證涅槃，永斷於生死。偈曰：

我今意況大好　他人罵時無惱
無言不說是非　涅槃生死同道
識達自家本宗　猶來無有青草
一切妄想分別　將知世人不了
寄言凡夫末代　除卻心中藁草
我今意況大寬　不語無事心安
從容自在解脫　東西去易不難

終日無言寂寞　念念向理思看
自然逍遙見道　生死定不相干
我今意況大奇　不向世上侵欺
榮華總是虛誑　弊衣麤食充飢
道逢世人懶語　世人咸說我疾
外道瞪瞪暗鈍　心中明若琉璃
默契羅睺密行　非汝凡夫所知

吾恐汝等不會了真解脫理，再示汝等。

問：維摩經云：欲得淨土，當淨其心。云何是淨心？

答：以畢竟淨為淨。

問：云何是畢竟淨為淨？
答：無淨無無淨，即是畢竟淨。
問：云何是無淨無無淨？
答：一切處無心是淨，得淨之時，不得作淨想。即名無淨也。得無淨時，亦不得作無淨想，即是無無淨也。
問：修道者，以何為證？
答：畢竟證為證。
問：云何是畢竟證？
答：無證無無證，是名畢竟證。
問：云何是無證？云何是無無證？

答：於外不染色聲等，於內不起妄念心，得如是者即名為證；得證之時，不得作證想，即名無證也；得此無證之時，亦不得作無證想，是名無證即名無無證也。

問：云何解脫心？

答：無解脫心，亦無無解脫心，即名真解脫也。經云：法尚應捨，何況非法！法者是有，非法是無也；但不取有無，即真解脫。

問：云何得道？

答：以畢竟得為得。

問：云何是畢竟得？

答：無得無無得，是名畢竟得。

問：云何是畢竟空？

答：無空無無空，即名畢竟空。

問：云何是真如定？

答：無定無無定，即名真如定。經云：無有定法名阿耨多羅三藐三菩提，亦無定法如來可說。經云：雖修空不以空為證，不得作空想，即是也。雖修定不以定為證，不得作淨想，即是也。若得定得淨，得一切處無心之時，即作得如是想者，皆是妄想，即被繫縛，不名解脫；若得如是之時，了了自知得自在，即不得將此為證，亦不得作如是想，即得解脫。經云：若起精進心，是妄非精進；若能心不妄，精進無有涯。

問：云何是中道？

答：無中間、亦無二邊，即中道也。

云何是二邊？

答：為有彼心、有此心，即是二邊。

云何名彼心此心？

答：外縛色聲，名為彼心；內起妄念，名為此心。若於外不染色，即名無彼心；內不生妄念，即名無此心。此非二邊也。心既無二邊，中亦何有哉？得如是者，即名中道，真如來道。如來道者，即一切覺人解脫也。經云：虛空無中邊，諸佛身亦然。然一切色空者，即一切處無心也。一切處無心者，即一切色性空，二義無別，亦名色空，亦名色無法也。汝若離一切處無心，得菩提、解脫、涅槃、寂滅、禪定、見性者，非也。一切處無心者，即修菩提、解脫、涅槃、寂滅、禪定、乃至六度，皆見性處。何以故？金剛經云：無有少法可得，是名阿耨多羅三藐三菩提也。

問：若有修一切諸行俱足成就，得受記否？

答：不得。

問：若以一切法無修，得成就、得受記否？

答：不得。

問：若恁麼時當以何法而得受記？

答：不以有行，亦不以無行，即得受記。何以故？維摩經云：諸行性相，悉皆無常。涅槃經云：佛告迦葉：諸行是常，無有是處。汝但一切處無心，即無諸行，亦無無行，即名受記。所言一切處無心者，無憎愛心是。言憎愛者，見好事不起愛心，即名無愛心也；見惡事亦不起憎心，即名無憎心也。無愛者，即名無染心，即是色性空也。色性空者，即是萬緣俱絕。萬緣俱絕者，自然解脫。

汝細看之，若未惺惺了時，即須早問，勿使空度。汝等若依此教修，不解脫者，吾即終身為汝受大地獄。吾若誑汝者，吾當所生處為師子虎狼所食。汝若不依教，自不勤修，即不知也；一失人身，萬劫不復。努力努力！須合知爾。

頓悟入道要門論　卷下

諸方門人參問語錄

師諱慧海。建州人。姓朱氏。依越州大雲寺智和尚受業。初參馬祖。祖問從何處來？曰：越州大雲寺來。祖曰：來此擬須何事？曰：來求佛法。祖曰：自家寶藏不顧，拋家散走作什麼？我這裏一物也無，求什麼佛法。師遂禮拜問曰：阿那箇是慧海自家寶藏？祖曰：即今問我者，是汝寶藏，一切具足，更無欠少，使用自在，何假向外求覓？師於言下大悟，識自本心，不由知覺。踴躍禮謝，師事六載。後以受業師年老，遽歸奉養；乃晦迹藏用，外示癡訥，自撰頓悟入道要門論一卷；法姪玄晏，竊出江外呈馬祖。祖覽訖。謂眾曰：越州有大珠，圓明光透，自在無遮障處也。眾中有知師姓朱者，迭相推識，結契來越上，尋訪依附。時號大珠和尚。

師謂學徒曰：我不會禪，並無一法可示於人，故不勞汝久立，且自歇去。時學侶漸多，日夜叩激，事不得已，隨問隨答，其辯無礙。時有法師數人來謁。曰：擬伸一問，師還對否？師曰：深潭月影，任意撮摩。問：如何是佛？師曰：清潭對面，非佛而誰？眾皆茫然。良久，其僧又問：師說何法度人？師曰：貧道未曾有一法度人。曰：

禪師家渾如此。師卻問曰：大德說何法度人。曰：講金剛般若經。師曰：講幾座來？曰：二十餘座。師曰：此經是阿誰說？僧抗聲曰：禪師相弄，豈不知是佛說耶？！師曰：若言如來有所說法，則為謗佛，是人不解我所說義；若言此經不是佛說，則是謗經；請大德說看。僧無對。師少頃又問：經云：若以色見我，以音聲求我，是人行邪道，不能見如來。大德且道阿那箇是如來？曰：某甲到此卻迷去。師曰：從來未悟，說什麼卻迷。僧曰：請禪師為說。師曰：大德講經二十餘座，卻不識如來。其僧再禮拜，願垂開示。師曰：如來者，是諸法如義，何得忘卻？

曰：是，是諸法如義。師曰：大德！是亦未是。曰：經文分明，那得未是？師曰：大德如否？曰：如。師曰：木石如否？曰：如。師曰：大德如同木石如否？曰：無二。師曰：大德與木石何別？僧無對。乃歎云：此上人者，難為酬對。良久卻問：如何是大涅槃？師曰：不造生死業。問曰：如何是生死業？師曰：求大涅槃是生死業，捨垢取淨是生死業，有得有證是生死業，不脫對治門是生死業。曰：云何即得解脫？師曰：本自無縛，不用求解，直用直行，是無等等。僧曰：禪師如和尚者，實謂希有！禮謝而去。有行者問：即心即佛，那箇是佛？師云：汝疑那箇不是佛？指出看。無對。師曰：達即遍境是，不悟永乖疏。

有律師法明謂師曰：禪師家多落空。師曰：卻是座主家多落空。法明大驚曰：何得落空？師曰：經論是紙墨文字，紙墨文字者俱空設，於聲上建立名句等法，無非是空。座主執滯教體，豈不落空？法明曰：禪師落空否？師曰：不落空。曰：何以不落空？師曰：文字等皆從智慧而生，大用現前，那得落空。法明曰：故知一法不達，不名悉達。師曰：律師不唯落空，兼乃錯用名言。法明作色問曰：何處是錯？師曰：律師未辨華竺之音，如何講說？曰：請禪師指出法明錯處。師曰：豈不知悉達是梵語耶？！律師雖省過，而心猶憤然（具梵語：薩婆曷剌他悉陀。中國翻云：一切義成。舊云悉達多，猶是訛略）。又問曰：夫經律論是佛語，讀誦依教奉行，何故不見性？師曰：如狂狗趁塊，師子咬人；經律論是自性用，讀誦者是性法。

法明又曰：阿彌陀佛有父母及姓否？師曰：阿彌陀姓憍尸迦，父名月上，母名殊勝妙顏。曰：出何教文？師曰：出陀羅尼集。法明禮謝讚歎而退。

有三藏法師問：真如有變易否？師曰：有變易。三藏曰：禪師錯也。師卻問：三藏有真如否？曰：有。師曰：若無變易，決定是凡僧也。豈不聞善知識者，能迴三毒為三聚淨戒，迴六識為六神通，迴煩惱作菩提，迴無明為大智；真如若無變易，三藏真是自然外道也。三藏曰：若爾者，真如即有變易。師曰：若執真如有變易，亦是外道。曰：禪師適來說真如有變易，如今又道不變易，如何即是的當？！師曰：若了了見性者，如摩尼珠現色，說變亦得，說不變亦得。若不見性人，聞說真如變，便作變解；聞說不變，便作不變解。三藏曰：故知南宗，實不可測！

有道流問：世間有法過自然否？師曰：有。曰：何法過得？師曰：能知自然者。曰：元氣是道否？師曰：元氣自元氣、道自道。曰：若如是者，則應有二。師曰：知無兩人。又問：云何為邪？云何為正？師曰：心逐物為邪，物從心為正。有源律師來問：和尚修道，還用功否？師曰：用功。曰：如何用功？師曰：飢來喫飯，困來即眠。曰：一切人總如是，同師用功否？師曰：不同。曰：何故不同？師曰：他喫飯時不肯喫飯，百種須索；睡時不肯睡，千般計校；所以不同也。律師杜口。

有韞光大德問：禪師自知生處否？師曰：未曾死，何用論生。知生即是無生法，無離生法說有無生。祖師云：當生即不生。曰：不見性人，亦得如此否？師曰：自不見性，不是無性。何以故？見即是性，無性不能見。識即是性，故名識性。了即是性，喚作了性。能生萬法，喚作法性，亦名法身。馬鳴祖師云：所言法者，謂眾生心。若心生，故一切法生；若心無生，法無從生，亦無名字。迷人不知法身無象，應物現形，遂喚青青翠竹，總是法身，鬱鬱黃花，無非般若。黃華若是般若，般若即同無情；翠竹若是法身，法身即同草木；如人喫筍，應總喫法身也；如此之言，寧堪齒錄？對面迷佛，長劫希求，全體法中，迷而外覓；是以解道者，行住坐臥，無非是道；悟法者，縱橫自在，無非是法。

大德又問：太虛能生靈智否？真心緣於善惡否？貪欲

人是道否？執是執非人向後心通否？觸境生心人有定否？住於寂寞人有慧否？懷高傲物人有我否？執空執有人有智否？尋文取證人、苦行求佛人、離心求佛人、執心是佛人，此皆稱道否？請禪師一一開示。師曰：太虛不生靈智，真心不緣善惡，嗜欲深者機淺，是非交爭者未通，觸境生心者少定，寂寞忘機者慧沈，傲物高心者我壯，執空執有者皆愚，尋文取證者益滯，苦行求佛者俱迷，離心求佛者外道，執心是佛者為魔。大德曰：若如是應畢竟無所有。師曰：畢竟是大德，不是畢竟無所有。大德踊躍禮謝而去。

師上堂曰：諸人幸自好箇無事人，苦死造作，要擔枷落獄作麼？！每日至夜奔波，道我參禪學道、解會佛法，如此轉無交涉也。只是逐聲色走，有何歇時？貧道聞江西和尚道：汝自家寶藏一切具足，使用自在，不假外求。我從此一時休去，自己財寶，隨身受用，可謂快活；無一法可取，無一法可捨，不見一法生滅相，不見一法去來相，遍十方界，無一微塵許不是自家財寶；但自仔細觀察自心一體三寶，常自現前，無可疑慮，莫尋思、莫求覓，心性本來清淨。故華嚴經云：一切法不生，一切法不滅；若能如是解，諸佛常現前。又淨名經云：觀身實相，觀佛亦然。若不隨聲色動念，不逐相貌生解，自然無事。去！莫久立，珍重！

此日大眾普集，久而不散。師曰：諸人何故在此不去？貧道已對面相呈，還肯休麼？有何事可疑？莫錯用心，枉費氣力，若有疑情，一任諸人恣意早問。時有僧法淵問曰：云何是佛？云何是法？云何是僧？云何是一體三寶？願師垂示。師曰：心是佛，不用將佛求佛；心是法，不用將法求法；佛法無二，和合為僧，即是一體三寶。經云：心、佛及眾生，是三無差別；身口意清淨，名為佛出世；三業不清淨，名為佛滅度；喻如瞋時無喜，喜時無瞋，唯是一心，實無二體。本智法爾無漏現前，如蛇化為龍，不改其鱗；眾生迴心作佛，不改其面。性本清淨，不待修成，有證有修，即同增上慢者；真空無滯，應用無窮，無始無終利根頓悟，用無等等，即是阿耨菩提；心無形相，即是微妙色身；無相即是實相法身；性相體空，即是虛空無邊身；萬行莊嚴，即是功德法身。此法身者，乃是萬化之本，隨處立名，智用無盡，名無盡藏。能生萬法，名本法藏，具一切智，名智慧藏。萬法歸如，名如來藏。經云：如來者即諸法如義。又云：世間一切生滅法，無有一義不歸如也。

有客問云：弟子未知律師、法師、禪師何者最勝？願和尚慈悲指示。師曰：夫律師者，啟毗尼之法藏，傳壽命之遺風，洞持犯而達開遮，秉威儀而行軌範，牒三番羯磨作四果初因；若非宿德白眉，焉敢造次？夫法師者，踞師子之座，瀉懸河之辯，對稠人廣眾，啟鑿玄關，開般若妙門，等三輪空施，若非龍象蹴蹋，安敢當斯？夫禪師者，撮其樞要，直了心源，出沒卷舒，縱橫應物咸均事理，頓見如來，拔生死深根，獲現前三昧；若不安禪靜慮，到這裏總須茫然。隨機授法，三學雖殊，得意忘言，一乘何異？故經云：十方佛土中，唯有一乘法，無二亦無三，除佛方便說，但以假名字，引導諸眾生。客曰：和尚深達佛旨，得無礙辯。

又問：儒道釋三教，為同為異？師曰：大量者用之即同，小機者執之即異；總從一性上起用，機見差別成三；迷悟由人，不在教之異同。

講唯識道光座主問曰：禪師用何心修道？師曰：老僧無心可用，無道可修。曰：既無心可用，無道可修，云何每日聚眾勸人學禪修道？師曰：老僧尚無卓錐之地，什麼處聚眾來？老僧無舌，何曾勸人來？曰：禪師對面妄語。師曰：老僧尚無舌勸人，焉解妄語？曰：某甲卻不會禪師語論也。師曰：老僧自亦不會。

講華嚴志座主問：何故不許青青翠竹盡是法身、鬱鬱黃華無非般若？師曰：法身無象，應翠竹以成形，般若無知，對黃華而顯相，非彼黃華翠竹，而有般若法身也。故經云：佛真法身，猶若虛空，應物現形，如水中月；黃華若是般若，般若即同無情；翠竹若是法身，翠竹還能應用？座主會麼？曰：不了此意。師曰：若見性人，道是亦得，道不是亦得，隨用而說，不滯是非；若不見性人，說翠竹著翠竹，說黃華著黃華，說法身滯法身，說般若不識般若；所以皆成諍論。志禮謝而去。

人問：將心修行，幾時得解脫？師曰：將心修行，喻如滑泥洗垢；般若玄妙，本自無生，大用現前，不論時節。曰：凡夫亦得如此否？師曰：見性者即非凡夫，頓悟上乘，超凡越聖。迷人論凡論聖，悟人超越生死涅槃。迷人說事說理，悟人大用無方。迷人求得求證，悟人無得無求。迷人期遠劫證，悟人頓見。維摩座主問：經云：彼外道六師等，是汝之師，因其出家，彼知所墮，汝亦隨墮；其施汝者，不名福田；供養汝者，墮三惡道，謗於佛，毀於法；不入眾數，終不得滅度；汝若如是，乃可取食。今請禪師明為解說。師曰：迷徇六根者，號之為六師；心外求佛，名為外道；有物可施，不名福田；生心受供，墮三惡道；汝若能謗於佛者，是不著佛求；毀於法者，是不著法求；不入眾數者，是不著僧求；終不得滅度者，智用現前；若有如是解者，便得法喜禪悅之食。

有行者問：有人問佛答佛，問法答法，喚作一字法門，不知是否？師曰：如鸚鵡學人語話，自語不得，為無智慧故；譬如將水洗水，將火燒火，都無義趣。

人問：言之與語，為同為異？師曰：一也，謂言成句名語矣。且如靈辯滔滔，譬大川之流水；峻機疊疊，如圓器之傾珠；所以廓萬象，號懸河；剖乎義海，此是語也。

言者一字表心也，內著玄微，外現妙相，萬機撓而不亂，清濁混而常分，齊王猶慚大夫之辭，文殊尚歎淨名之說，今之常人，云何能解？

源律師問：禪師常譚即心是佛，無有是處；且一地菩薩，分身百佛世界，二地增於十倍；禪師試現神通看！師曰：闍梨自己是凡是聖？曰：是凡。師曰：既是凡僧，能問如是境界？經云：仁者心有高下，不依佛慧，此之是也。又問：禪師每云若悟道，現前身便解脫，無有是處！師曰：有人一生作善，忽然偷物入手，即身是賊否？曰：故，知是也。師曰：如今了了見性，云何不得解脫？曰：

如今必不可，須經三大阿僧祇劫始得。師曰：阿僧祇劫還有數否？源抗聲曰：將賊比解脫，道理得通否？師曰：闍梨自不解道，不可障一切人解；自眼不開，瞋一切人見物。源作色而去，云：雖老渾無道！師曰：即行去者是汝道？

講止觀慧座主問：禪師辨得魔否？師曰：起心是天魔，不起心是陰魔，或起不起是煩惱魔；我正法中無如是事。曰：一心三觀義又如何？師曰：過去心已過去，未來心未至，現在心無住，於其中間，更用何心起觀？曰：禪師不解止觀。師曰：座主解否？曰：解。師曰：如智者大師，說止破止，說觀破觀；住止沒生死，住觀心神亂，為當將心止心、為復起心觀觀？若有心觀，是常見法；若無心觀，是斷見法；亦有亦無，成二見法；請座主仔細說看！曰：若如是問，俱說不得也。師曰：何曾止觀！

人問般若大否？師曰：大。曰：幾許大？師曰：無邊際。曰：般若小否？師曰：小。曰：幾許小？師曰：看不見。曰：何處是？師曰：何處不是。

維摩座主問：經云：諸菩薩各入不二法門，維摩默然，是究竟否？師曰：未是究竟，聖意若盡，第三卷更說何事？座主良久曰：請禪師為說未究竟之意。師曰：如經

第一卷，是引眾呼十大弟子住心。第二諸菩薩各說入不二法門，以言顯於無言；文殊以無言，顯於無言，維摩不以言，不以無言。故默然收前言也。第三卷，從默然起說，又顯神通作用，座主會麼？曰：奇怪如是！師曰：亦未如是！曰：何故未是？師曰：且破人執情，作如此說；若據經意，只說色心空寂，令見本性；教且偽行入真行，莫向言語紙墨上討意度，但會淨名兩字便得；淨者本體也，名者跡用也；從本體起跡用，從跡用歸本體；體用不二，本跡非殊。所以古人道：本跡雖殊、不思議一也，一亦非一；若識淨名兩字假號，更說什麼究竟與不究竟？無前無後，非本非末，非淨非名，只示眾生本性不思議解脫。若不見性人，終身不見理。

僧問：萬法盡空，識性亦爾；譬如水泡，一散更無再合；身死更不再生，即是空無；何處更有識性？師曰：泡因水有，泡散可即無水？身因性起，身死豈言性滅？曰：既言有性將出來看。師曰：汝信有明朝否？曰：信。師曰：找將明朝來看。曰：明朝實是有，如今不可得。師曰：明朝不可得，不是無明朝；汝自不見性，不可是無性；今見著衣喫飯，行住坐臥，對面不識，可謂愚迷；汝欲見明朝，與今日不異；將性滅性，萬劫終不見；亦如有人不見日，不是無日。

講青龍疏座主問：經云：無法可說，是名說法。禪師如何體會？師曰：為般若體畢竟清淨，無有一物可得，是名無法；即於般若空寂體中，具河沙之用，即無事不知，是名說法。故云無法可說，是名說法。

講華嚴座主問：禪師信無情是佛否？師曰：不信。若無情是佛者，活人應不如死人，死驢死狗亦應勝於活人。經云：佛身者即法身也，從戒定慧生，從三明六通生，從一切善法生；若說無情是佛者，大德如今便死，應作佛去。

有法師問：持般若經，最多功德，師還信否？師曰：不信。曰：若爾。靈驗傳十餘卷，皆不堪信也。師曰：生人持孝，自有感應，非是白骨能有感應。經是文字紙墨，文字紙墨性空，何處有靈驗？靈驗者在持經人用心，所以神通感物；試將一卷經安著案上，無人受持，自能有靈驗否？

僧問：未審一切名相及法相、語之與默，如何通會、即得無前後？師曰：一念起時，本來無相無名，何得說有前後？不了名相本淨，妄計有前有後。夫名相關鏁，非智鑰不能開；中道者病在中道，二邊者病在二邊，不知現用是無等等法身；迷悟得失，常人之法；自起生滅，埋沒正智；或斷煩惱，或求菩提，背卻般若。

人問：律師何故不信禪？師曰：理幽難顯，名相易持；不見性者，所以不信；若見性者，號之為佛；識佛之人，方能信入；佛不遠人，而人遠佛；佛是心作，迷人向文字中求，悟人向心而覺。迷人修因待果，悟人了無心相。迷人執物守我為己，悟人般若應用現前。愚人執空執有生滯，智人見性了相靈通。乾慧辯者口疲，大智體了心泰。菩薩觸物斯照，聲聞怕境昧心。悟者日用無生，迷人見前隔佛。

人問：如何得神通去？師曰：神性靈通，遍周沙界，山河石壁，去來無礙；剎那萬里，往返無踪；火不能燒，水不能溺；愚人自無心智，欲得四大飛空。經云：取相凡夫，隨宜為說；心無形相，即是微妙色身；無相即是實相，實相體空，喚作虛空無邊身，萬行莊嚴，故云功德法身。即此法身，是萬行之本，隨用立名，實而言之，只是清淨法身也。

人問：一心修道，過去業障得消滅否？師曰：不見性人，未得消滅；若見性人，如日照霜雪。又見性人，猶如積草等須彌山，只用一星之火；業障如草，智慧似火。

曰：云何得知業障盡？師曰：見前心通，前後生事，猶如對見；前佛後佛，萬法同時。經云：一念知一切法是道場，成就一切智故。

有行者問：云何得住正法？師曰：求住正法者是邪，何以故？法無邪正故。曰：云何得作佛去？師曰：不用捨眾生心，但莫污染自性。經云：心、佛及眾生，是三無差別。曰：若如是解者，得解脫否？師曰：本自無縛，不用求解；法過語言文字，不用數句中求；法非過現未來，不可以因果中契；法過一切，不可比對；法身無象，應物現形，非離世間而求解脫。

僧問：何者是般若？師曰：汝疑不是者說說看！又問：云何得見性？師曰：見即是性，無性不能見。又問：如何是修行？師曰：但莫污染自性，即是修行；莫自欺誑，即是修行；大用現前，即是無等等法身。又問：性中有惡否？師曰：此中善亦不立。曰：善惡俱不立，將心何處用？師曰：將心用心，是大顛倒。曰：作麼生即是？師曰：無作麼生，亦無可是。

人問：有人乘船船底刺殺螺蜆，為是人受罪，為復船當罪？師曰：人船兩無心，罪正在汝；譬如狂風折樹損命，無作者無受者；世界之中，無非眾生受苦處。

僧問：未審託情勢、指境勢、語默勢，乃至揚眉動目等勢，如何得通會於一念間？師曰：無有性外事；用妙者，動寂俱妙；心真者，語默總真；會道者，行住坐臥是道；為迷自性，萬惑滋生。又問：如何是法有宗旨？師曰：隨其所立即有眾義，文殊於無住本，立一切法。曰：莫同太虛否？師曰：汝怕同太虛否？曰：怕。師曰：解怕者不同太虛。又問：言方不及處，如何得解？師曰：汝今正說時，疑何處不及？

有宿德十餘人同問：經云：破滅佛法。未審佛法可破滅否？師曰：凡夫外道，謂佛法可破滅，二乘人謂不可破滅，我正法中無此二見。若論正法，非但凡夫外道，未至佛地者，二乘亦是惡人。又問：真法幻法空法非空法，各有種性否？師曰：夫法雖無種性，應物俱現；心幻也，一切俱幻，若有一法不是幻者，幻即有定；心空也，一切皆空，若有一法不空，空義不立；迷時人逐法，悟時法由人；如森羅萬象，至空而極；百川眾流，至海而極；一切賢聖，至佛而極；十二分經，五部毗尼，五圍陀論，至心而極；心者是總持之妙本，萬法之洪源，亦名大智慧藏，無住涅槃，百千萬名，盡心之異號耳。又問：如何是幻？師曰：幻無定相，如旋火輪，如乾闥婆城，如機關木人，如陽燄，如空華，俱無實法。又問：何名大幻師？師曰：心名大幻師，身為大幻城，名相為大幻衣食，河沙世界，無有幻外事。凡夫不識幻，處處迷幻業。聲聞怕幻境，昧心而入寂。菩薩識幻法，達幻體，不拘一切名相。佛是大幻師，轉大幻法輪，成大幻涅槃；轉幻生滅，得不生不滅；轉河沙穢土，成清淨法界。

僧問：何故不許誦經，喚作客語？師曰：如鸚鵡只學人言，不得人意；經傳佛意，不得佛意而但誦，是學語人，所以不許。曰：不可離文字言語別有意耶？師曰：汝如是說，亦是學語。曰：同是語言，何偏不許？師曰：汝今諦聽，經有明文，我所說者，義語非文；眾生說者，文語非義。得意者越於浮言，悟理者超於文字；法過語言文字，何向數句中求？是以發菩提者，得意而忘言，悟理而遺教，亦猶得魚忘筌，得兔忘罤也。

有法師問：念佛是有相大乘，禪師意如何？師曰：無相猶非大乘，何況有相？經云：取相凡夫，隨宜為說。又問：願生淨土，未審實有淨土否？師曰：經云：欲得淨土，當淨其心；隨其心淨，即佛土淨；若心清淨，所在之處，皆為淨土；譬如生國王家，決定紹王業，發心向佛道，是生淨佛國；其心若不淨，在所生處，皆是穢土；淨穢在心，不在國土。

又問：每聞說道，未審何人能見？師曰：有慧眼者能見。曰：甚樂大乘，如何學得？師曰：悟即得，不悟不得。曰：如何得悟去？師曰：但諦觀。曰：似何物？師曰：無物似。曰：應是畢竟空。師曰：空無畢竟。曰：應是有。師曰：有而無相。曰：不悟如何？師曰：大德自不悟，亦無人相障。

又問：佛法在於三際否？師曰：見在無相，不在其外；應用無窮，不在於內；中間無住處，三際不可得。曰：此言大混。師曰：汝正說混之一字時，在內外否？

曰：弟子究檢內外無踪跡。師曰：若無踪跡，明知上來語不混。曰：如何得作佛？師曰：是心即佛，是心作佛。曰：眾生入地獄，佛性入否？師曰：如今正作惡時，更有善否？曰：無。師曰：眾生入地獄，佛性亦如是。曰：一切眾生皆有佛性如何？師曰：作佛用是佛性，作賊用是賊性，作眾生用是眾生性；性無形相，隨用立名。經云：一切聖賢，皆以無為法而有差別。

僧問：何者是佛？師曰：離心之外，即無有佛。曰：何者是法身？師曰：心是法身，謂能生萬法，故號法界之身。起信論云：所言法者，謂眾生心；即依此心，顯示摩訶衍義。

又問：何名有大經卷，內在一微塵？師曰：智慧是經卷。經云：有大經卷，量等三千大千界，內在一微塵中。一塵者，是一念心塵也，故云一念塵中，演出河沙偈，時人自不識。

又問：何名大義城？何名大義王？師曰：身為大義城，心為大義王。經云：多聞者善於義，不善於言說；言說生滅，義不生滅；義無形相，在言說之外；心為大經卷，心為大義王。若不了了識心者，不名善義，只是學語人也。又問：般若經云：度九類眾生，皆入無餘涅槃。又云：實無眾生得滅度者。此兩段經文，如何通會？前後人說皆云：實度眾生，而不取眾生相；常疑未決，請師為說。師曰：九類眾生，一身具足，隨造隨成；是故無明為卵生，煩惱包裹為胎生，愛水浸潤為溼生，倏起煩惱為化生。悟即是佛，迷號眾生。菩薩只以念念心為眾生，若了念念心體空，名為度眾生也。智者於自本際上度於未形，未形既空，即知實無眾生得滅度者。

僧問：言語是心否？師曰：言語是緣，不是心。曰：離緣何者是心？師曰：離言語無心。曰：離言語既無心，若為是心？師曰：心無形相，非離言語、非不離言語，心常湛然，應用自在。祖師云：若了心非心，始解心心法。

僧問：如何是定慧等學？師曰：定是體，慧是用；從定起慧，從慧歸定；如水與波，一體更無前後；名定慧等學。夫出家兒莫尋言逐語，行住坐臥，並是汝性用，什麼處與道不相應？且住一時休歇去。若不隨外境之風，性水常自湛湛。無事珍重！

頓悟入道要門論　卷下

初祖菩提達磨大師安心法門附（出聯燈會要）

迷時人逐法，解時法逐人。解時識攝色，迷時色攝識。但有心分別計校自心現量者，悉皆是夢；若識心寂滅，無一切念處，是名正覺。問：云何自心現量？答：見一切法有，有不自有，自心計作有；見一切法無，無不自無，自心計作無；乃至一切法亦如是，並是自心計作有，自心計作無。又若人造一切罪，自見己之法王，即得解脫。若從事上得解者氣力壯，從事中見法者，即處處不失念；從文字解者氣力弱，即事即法者深。從汝種種運為跳踉顛蹶，悉不出法界；若以法界入法界，即是癡人；凡有施為，皆不出法界心，何以故？心體是法界故。問：世間人種種學問，云何不得道？答：由見己故，所以不得道；己者，我也。至人逢苦不憂，遇樂不喜，由不見己故，所以不知苦樂，由亡己故，得至虛無；己尚自亡，更有何物而不亡也？問：說法既空，阿誰修道？答：有阿誰須修道？若無阿誰，即不須修道。阿誰者亦我也，若無我者，逢物不生是非，是者我自是，而物非是也；非者我自非，而物非非也；即心無心，是為通達佛道；即物不起見，是名達道。逢物直達，知其本源，此人慧眼開。智者任物不任己，即無取捨違順；愚人任己不任物，即有取捨違順。

不見一物，名為見道；不行一物，名為行道；即一切處無處，即作處無作處；無作法即見佛，若見相時，即一切處見鬼；取相故，墮地獄；觀法故，得解脫；若見憶想分別，即受鑊湯鑪炭等事，現見生死相。若見法界性，即涅槃性。無憶相分別，即是法界性。心非色，故非有；用而不廢，故非無；又用而常空，故非有；空而常用，故非無。

昔披閱祖燈，至大珠和尚傳，云有頓悟入道要門論一卷，思仰之久，未如所願。後於洪武己酉歲，從壞篋中得一故冊，信手展卷，隨覽數分，如熱得涼，踊躍歡喜，不能自勝！方視其首，即斯論也。復詳披究，見其義理，質直諧實，如飲醍醐，如得至寶。後較諸錄，得無差謬。所願既獲，不敢私秘，願與一切眾生同霑法味。復綴諸宗所問語錄一卷，於後略分上下，共成一冊；並達磨大師安心法門，附於卷末；總名曰：頓悟要門。謹捐布帛，命工繡梓，垂於不朽，流布十方，使天下學佛之士，各各了知正修行路，不墮邪見，頓悟自心，咸開佛慧。實叶之所志願矣！

洪武七年歲在甲寅春三月丙戌日　比丘妙叶焚香稽首拜題

後序

曩閱傳燈錄，至大珠海禪師，自初見馬祖，及接人機語；以至泛應諸宗所問，使之結舌喪氣、心悅誠服處，未嘗不為之慶快而不已！蓋師之言，一本於經律論之要旨，而即事即理、全體全用，以發明向上一機，殺活予奪、縱橫逆順，無不合轍而還源也。所撰頓悟入道要門論，昔既盛行，年來殊不多見。近四明比丘妙叶來言，嘗得此論、洎他語共一編，於弊篋斷簡中。寧敢私淑，樂與叢林共之！軌罄已長，俾工復鋟諸梓，願一言識其後，且由新板之文，自一至六，凡六葉以示。然嘗鼎一臠，又何待睹其全書噫！大珠此編，語言文字耶？非耶？謂其語言文字，則道非語言文字；謂其非語言文字，而三藏之文，了了在目，與此老胸襟流出者，融會貫攝羅列而前陳其間，或自謂：我不會禪，並無一法可示於人。看他此等語，直是作賊人心虛，盡情抖擻不下，所以今日不免被人再加塗抹。後之覽者，若於馬祖所謂：大珠圓明、光透自在、無遮障處，當下著得精彩，則隨色摩尼，人人無不具足；其或未然，滯殼迷封，有甚麼數具頂門眼者，試為辨取。

洪武六年歲在癸丑秋九月望日前龍河比丘萬金書

國家圖書館出版品預行編目資料

大珠慧海禪師開示語錄 / 大珠慧海禪師著. -- 初版. -- 新北市：華夏出版有限公司, 2023.09

面； 公分. - -（圓明書房；028）

ISBN 978-626-7296-48-6（平裝）

1.CST：禪宗 2.CST：佛教說法

226.65 112007557

圓明書房 028

大珠慧海禪師開示語錄

著　　作　大珠慧海禪師
印　　刷　百通科技股份有限公司
電話：02-86926066　傳真：02-86926016
出　　版　華夏出版有限公司
220 新北市板橋區縣民大道 3 段 93 巷 30 弄 25 號 1 樓
電話：02-32343788　傳真：02-22234544
E-mail　pftwsdom@ms7.hinet.net
總 經 銷　貿騰發賣股份有限公司
新北市 235 中和區立德街 136 號 6 樓
電話：02-82275988　傳真：02-82275989
網址：www.namode.com
版　　次　2023年9月初版一刷
定　　價　新台幣 220 元　（缺頁或破損的書，請寄回更換）

ISBN-13：978-626-7296-48-6